La búsqueda personal por un récord

Los deportes individuales

Lisa Greathouse

La búsqueda personal por un récord
Los deportes individuales

Asesor en ciencias
Scot Oschman, Ph.D.

Créditos
Dona Herweck Rice, *Gerente de redacción*; Lee Aucoin, *Directora creativa*; Timothy J. Bradley, *Responsable de ilustraciones*; Conni Medina, M.A.Ed., *Directora editorial*; James Anderson, Kati Das, Torrey Maloof, *Editores asociados*; Rachelle Cracchiolo, M.S.Ed., *Editora comercial*

Teacher Created Materials
5301 Oceanus Drive
Huntington Beach, CA 92649-1030
http://www.tcmpub.com
ISBN 978-1-4333-2151-1

Tabla de contenido

Deportes: ¿De equipo o individuales?

¿Qué es lo primero que te viene a la mente cuando piensas en deportes? ¿El béisbol?, ¿el fútbol?, ¿el básquetbol? Todos éstos son deportes de equipo. Tal vez seas fanático de un equipo o tú mismo formes parte de uno. ¡Algunos niños comienzan a practicar los deportes de equipo aun antes de comenzar a ir a la escuela!

Pero los deportes de equipo no son los indicados para todo el mundo. Algunas personas prefieren los deportes individuales. Éstos son los deportes que practicas solo, como el golf, la natación y el patinaje, por ejemplo. Puedes competir o practicar estos deportes por mera diversión. Qué tan bueno seas en ellos depende de ti.

A veces se forman equipos con las personas que practican deportes individuales. Piensa por ejemplo en un equipo de natación o un equipo de atletismo. En estos casos, pese a la existencia de equipos, se sigue tratando de deportes individuales porque, por lo general, cada atleta compite sin otros miembros de su equipo. Cada deportista tiene la oportunidad de destacarse por separado y, al mismo tiempo, formar parte de un equipo.

Deportes

Éstos son algunos ejemplos de deportes de equipo y deportes individuales. ¿Cuál es tu preferido?

Deportes individuales	Deportes de equipo
carreras de carros	béisbol
bolos	básquetbol
ciclismo	fútbol americano
golf	hockey
gimnasia	fútbol
artes marciales	sóftbol
correr	waterpolo
patinaje	
patineta	
esquí	
natación	
tenis	
lucha grecorromana	

La ciencia de los deportes

Tanto en los deportes de equipo como en los deportes individuales hay atletas que quieren hacer algo más que ganar; quieren ser los mejores en su disciplina. Quieren establecer marcas. Quieren ser los más rápidos, los más fuertes o los más **ágiles**.

La ciencia es una parte importante de los deportes. Todos los deportes, sean de la clase que sean, involucran **movimiento.** El movimiento implica de qué manera y adónde se mueve algo. Sin movimiento, alguien que anda en patineta jamás podría lograr un salto, un jugador de vóleibol no podría hacer un remate, un golfista no tendría posibilidad de meter un putt. De hecho, ¡prácticamente no sucedería nada de nada! El movimiento está siempre alrededor de nosotros; todo en el mundo se mueve. La Tierra se mueve. ¡Eso significa que todo lo que se encuentra sobre la Tierra también está en movimiento!

Pero las cosas no se mueven por sí solas. Necesitan una **fuerza** que las haga mover. Una fuerza es un empujón o una atracción que causa movimiento. Usas fuerzas todo el tiempo. Al andar en bicicleta, la fuerza de tus músculos mueve tus huesos, y tus huesos hacen que se muevan los pedales. Cuando pateas un balón, la fuerza hace que éste salga disparado por el aire o ruede por el suelo.

Un gran atleta

¿Qué hace falta para convertirse en un gran atleta? Hay quienes dicen que lo más importante es la rapidez. Otros dicen que es lo fuerte o **flexible** que eres, o qué tan rápido puedes reaccionar. Ser competitivo también es un factor importante. Todas estas habilidades se ponen a prueba en el **decatlón**. El decatlón es una competencia que combina diez pruebas de pista y campo. Muchos dan al ganador de esta competencia el título de "el mejor atleta del mundo".

"El mejor"

No son muchos los atletas que reciben la Medalla Presidencial de la Libertad. Pero en 2005, el boxeador Muhammad Ali recibió una. A Ali le dicen "el mejor", y de hecho se le considera el mejor atleta del siglo XX. Pero también fue un campeón fuera del cuadrilátero. Trabajó por la paz mundial, por los derechos civiles de los afroamericanos y también para brindar asistencia a los países pobres. Recaudó dinero para investigaciones médicas y luchó con bravura contra su propia enfermedad debilitante. El coraje de Ali sigue siendo una inspiración para millones de personas.

¿Quién gana?

En la mayoría de las competencias deportivas individuales, se utilizan mediciones para determinar quién es el ganador. A veces se mide la **velocidad**, como en los encuentros de natación. En otras ocasiones se mide la distancia, como en el salto de longitud. En muchos deportes, ¡el ganador de la competencia se decide por una fracción de segundo o por unos milímetros!

Usa la ciencia para mejorar tu juego

Los mejores atletas del mundo entrenan varias horas por día. Trabajan con entrenadores, tienen una alimentación saludable y descansan mucho. Éstas son algunas de las cosas que convierten a los atletas en deportistas tan buenos en sus campos.

Pero los grandes atletas también entienden cómo la **física** afecta su rendimiento. La física es la ciencia de la fuerza y el movimiento. Los deportistas pueden correr más rápido, saltar más alto y tener un mejor equilibrio si comprenden cómo la física puede ayudarlos.

Un buen ejemplo de esto es el salto de altura. Los saltadores solían correr y luego saltar sobre la barra pasando primero una pierna y después la otra. Pero saltar de esta manera consume mucha **energía**. Un atleta llamado Dick Fosbury encontró una mejor forma de saltar. Giró el cuerpo de manera que lo primero en cruzar la barra fuera la cabeza, con la espalda cerca de la barra. Esto trasladaba el peso de su cuerpo a medida que cruzaba la barra y también requería menos energía. Ese año, Fosbury ganó la medalla de oro en salto de altura en las olimpiadas. En la actualidad, la mayoría de los saltadores utiliza el "salto Fosbury".

Juegos Olímpicos

Los Juegos Olímpicos se remontan al año 776 a. C. Cada cuatro años, atletas de todas partes de Grecia se reunían para competir en el ámbito de un gran festival. Al comienzo, sólo competían hombres. En la actualidad, atletas hombres y mujeres de todas partes del mundo compiten en ¡más de 400 encuentros deportivos!

Como un rayo

En las olimpiadas del 2008, Usain Bolt de Jamaica (en la foto) se convirtió en el velocista más rápido de todos los tiempos. Bolt ganó medallas de oro en tres competencias y estableció récords olímpicos y mundiales. En todo el mundo lo llaman *el rayo* Bolt.

¡Deja que tu inclinación haga el trabajo!

Los corredores más rápidos prestan atención a la postura de su cuerpo. Saben cómo usar la **gravedad** para correr más rápido. La gravedad es la fuerza que nos mantiene sobre la Tierra e impide que flotemos por el espacio.

Al correr, inclínate hacia adelante. De esta manera, la fuerza de gravedad te atraerá hacia adelante y correrás más rápido. Sólo recuerda inclinarte desde los tobillos y no desde la cintura. También flexiona los brazos y las piernas al correr. Así usarás menos energía y podrás correr distancias mayores.

Campeona

Jackie Joyner-Kersee (izquierda) es una de las mayores estrellas del atletismo femenino en la historia. Ganó tres medallas olímpicas de **heptatlón**. Ésta es una de las competencias más duras de pista y campo. Hay siete categorías incluyuuendo la carrera de vallas, el salto de altura y el lanzamiento de peso.

Mucho trabajo para el dedo gordo

El tamaño de tus pulgares puede dar una pista sobre tu habilidad para los deportes. En algunas personas, el segundo dedo del pie es más largo que el dedo gordo. Pero si en tu caso es más largo el pulgar, tienes una ventaja natural para deportes como correr y esquiar. Esto se debe a que puedes apoyar en él el **peso** del cuerpo. ¡El pulgar del pie puede hacer el doble de fuerza que el dedo que se encuentra junto a él!

Velocidad y aceleración

Todos los deportes tienen algo de rapidez. La rapidez es cuán lejos se mueve algo en un lapso determinado. En muchos deportes, es el atleta quien debe ser rápido. En otros, es la pelota o el balón. Muchos deportes dependen de la rapidez con la que el atleta impulsa el bate, la raqueta o el palo de golf.

La **aceleración** es diferente a simplemente moverse rápido. Es un cambio en la rapidez del movimiento. Cuando arrancas con tus patines, aceleras; es decir que la rapidez de tu movimiento cambia. Cuando un golfista da un golpe con el palo, ¡la pelota puede acelerar 100 veces más rápido que un carro deportivo!

La velocidad es un cambio en la rapidez y la dirección de un movimiento. Cuando un coche de carreras desacelera para girar en una curva, cambia de velocidad.

¿Lo sabías?

Tiger Woods comenzó a jugar al golf cuando tenía apenas dos años.

Tiger Woods

Cuando se piensa en golf, las personas a menudo piensan en Tiger Woods. Tiger es uno de los mejores golfistas del mundo. Fue el jugador más joven en ganar los cuatro torneos de golf más importantes. Su actividad inspiró a personas de todas partes del mundo a practicar este deporte.

bicicleta BMX

bicicletas de montaña

bicicleta tándem

El Tour de Francia

El Tour de Francia es una de las carreras más famosas de bicicletas en el mundo. En esta carrera de bicicletas anual de tres semanas de duración, compiten unos doscientos atletas. La carrera atraviesa Francia y tiene 3,219 kilómetros (2,000 millas) de extensión. Los ciclistas compiten para ganar el primer lugar y vestir la codiciada camiseta amarilla.

Una bicicleta para cada quien

Muchas personas andan en bicicleta por diversión. Algunas también la utilizan como medio de transporte. Pero el ciclismo también es un deporte. Hay carreras de bicicletas en pistas, carreteras y montañas. También están los ciclistas BMX que hacen trucos con sus bicicletas.

La bicicleta se denomina un vehículo de tracción humana. Toda la energía que utiliza la recibe de la persona que anda en ella. Para andar más rápido, sólo hay que pedalear más duro.

La cantidad de fuerza que se necesita para mover algo depende de la **masa** del objeto. La masa es la cantidad de sustancia—o materia—que conforma el objeto. Para mover una bicicleta que tiene a dos personas encima, hace falta más fuerza que para mover una en la que sólo hay un ciclista.

Para cada tipo de ciclismo hay un tipo de bicicleta diferente. Las bicicletas de ruta están hechas con metales livianos. Las bicicletas más livianas son más fáciles de mover porque su masa es menor. Las diferentes clases de bicicletas también tienen distintos tipos de ruedas, cambios y pedales. ¡Algunas bicicletas de ruta ni siquiera tienen frenos!

¡Qué pesado!

La **aerodinámica** es la forma en que el aire fluye alrededor de un objeto en movimiento. La manera en que el ciclista se sienta en su bicicleta afecta la rapidez con la que puede avanzar la bicicleta. Si te sientas erguido en el asiento, tu cuerpo se enfrentará con la fuerza del aire en contra. Eso hará que andes más lento. Si te inclinas desde la cintura y tienes las manos apoyadas en un manubrio bajo, el aire entrará en contacto con menos partes de tu cuerpo. Eso te permitirá ir más rápido.

Los ciclistas no son los únicos atletas que tienen que trabajar contra el viento. El movimiento del aire también puede hacer ir más lento a corredores, nadadores y conductores de carros de carrera. ¿Alguna vez intentaste nadar largas distancias en una piscina? Si lo hiciste, sabrás cuánta energía requiere. Para moverse a través del agua, un nadador debe empujar un líquido que es unas 800 veces más denso que el aire. La fuerza que te desacelera en la piscina se llama **resistencia**; es la resistencia que se ejerce contra tu cuerpo. Cuando pataleas, te mantienes más cerca de la superficie. Eso reduce la resistencia y te ayuda a nadar más rápido.

Como un pez en el agua

Michael Phelps es uno de los nadadores más rápidos de todos los tiempos. Se incorporó al equipo olímpico cuando tenía apenas quince años. También fue el nadador masculino más joven en establecer una marca mundial. En las olimpiadas del 2008 ganó una cantidad récord de medallas de oro: ocho. Los expertos dicen que Phelps está hecho para nadar. ¡Mide seis pies y siete pulgadas (poco más de dos metros) y usa calzado talla 14!

Túnel de viento

Los ciclistas y los fabricantes de bicicletas pueden utilizar túneles aerodinámicos para probar nuevas maneras de atravesar el viento. En el Instituto de Tecnología de Massachusetts hay un túnel aerodinámico con enormes ventiladores que soplan vientos de ¡48 kilómetros (30 millas) por hora!

Traje de velocidad

En una carrera, una fracción de segundo puede hacer una gran diferencia. Por eso, los mejores atletas usan ropa que no les resta velocidad. Los corredores, nadadores y patinadores son sólo algunos de los diferentes tipos de deportistas que utilizan trajes de velocidad especiales. El material con el que están hechos es muy ajustado. Eso hace que el cuerpo de los atletas sea más aerodinámico.

El factor de la fricción

En lo que respecta a la velocidad, la **fricción** no es un aliado—¡al menos, no hasta que quieras detenerte!

La **fricción** es una fuerza que genera resistencia y disminuye tu velocidad. Allí donde hay dos objetos que se frotan entre sí, hay fricción. Cuanto más ásperas son las dos superficies, mayor fricción hay entre ellas.

Piensa en la sensación que tienes al caminar en calcetines sobre un piso pulido. Probablemente puedas deslizarte sobre él. Eso se debe a que ambas superficies son lisas. Pero cuando te pones zapatos deportivos para correr, hay más fricción. Esos zapatos tienen adherencia con el piso. Los atletas para quienes la velocidad es extremadamente importante intentan reducir la fricción y mantener las superficies con que trabajan libres de asperezas.

Algunos esquiadores y practicantes de snowboard enceran la base de sus tablas o esquís. De esa manera, se encuentran con menos fricción con el hielo o la nieve.

practicante de snowboard

¿Qué sucederá ahora?

Roger Federer

El tenista suizo Roger Federer no deja de romper récords. A menudo lo llaman el mejor jugador de tenis de la historia. Los expertos dicen que la velocidad sorprendente y fuerza de su golpe son los que lo convierten en campeón.

Hay quienes piensan que el tenis es un deporte aburrido para ver. Después de todo, no es otra cosa que dos personas que le pegan a una pelota de un lado al otro, ¿verdad? No. Cada vez que la raqueta le pega a la pelota, sucede algo diferente. La forma en que se desplaza la pelota depende de la fuerza y el ángulo con que le pegó la raqueta; depende de la manera en que la pelota rebota en la pista; depende de si la pelota tiene efecto. El efecto hace que la pelota se mueva de un modo inesperado. ¡Incluso una ráfaga de viento puede enviar la pelota en otra dirección!

Mucho de lo que sucede también depende de la clase de raqueta que se use. Una raqueta liviana es fácil de manejar y también se mueve rápido. Pero si es demasiado liviana, puede ser incapaz de soportar el impacto de la pelota. En algunos partidos de tenis, ¡la pelota sale disparada por la pista a velocidades superiores a los 225 kilómetros (140 millas) por hora!

Hermanas

Las hermanas Venus y Serena Williams empezaron a jugar tenis incluso antes de comenzar a ir a la escuela. Con el tiempo, se convirtieron en dos de las mejores jugadoras de tenis de todos los tiempos. Ambas ganaron medallas de oro en las olimpiadas y títulos de Grand Slam. ¡Venus puede sacar con una velocidad de 204 kilómetros (127 millas) por hora!

- El **empuje** es la fuerza que la raqueta ejerce sobre la pelota y la impele en el aire.
- La **elevación** de la pelota de tenis tiene lugar cuando la raqueta le aplica un efecto.
- El peso de la pelota es la fuerza creada por la gravedad y atrae a la pelota hacia la Tierra.
- La resistencia disminuye la velocidad de la pelota debido a la fricción y la resistencia del aire.

Encuentra tu equilibrio

Piensa en algún deporte que requiera mucho equilibrio. ¿Pensaste en la gimnasia? Tal vez eso se deba a que muchos gimnastas hacen piruetas sobre una viga de equilibrio. La gimnasia es uno entre varios deportes donde el equilibrio es importante.

El equilibrio es una parte importante de nuestra vida; lo necesitamos para caminar y también para correr. También lo necesitamos para sentarnos y ponernos de pie. ¡Si no fuera por el equilibrio, te caerías! El equilibrio tiene mucho que ver con el **centro de masa**. El centro de masa es el punto en el que un objeto se encuentra en equilibrio.

En los seres humanos, el centro de masa suele estar justo detrás del ombligo cuando estamos de pie. Pero si cambiamos de posición, el centro de masa también cambia. Imagínate estar parado en un pie. Para no caerte, deberás trasladar el peso de tu cuerpo. Esto se debe a que tu centro de masa cambia cuando levantas un pie del suelo.

Nadia Comaneci

En las olimpiadas de 1976, la gimnasta rumana Nadia Comaneci (derecha) se convirtió en la primera gimnasta en obtener un 10, un puntaje perfecto. Los marcadores ni siquiera estaban equipados para mostrar un 10 en ese momento, ¡por lo que tuvieron que mostrar un puntaje de 1.0!

La gimnasta equilibra su cuerpo a partir de su centro de masa.

Tony Hawk

Probablemente Tony Hawk (derecha) sea el patinador más famoso del mundo. Cuando tenía apenas nueve años, su hermano le cambió la vida; le regaló a Tony su primera patineta. Tony se puso en la cabeza que tenía que ser el mejor. A los dieciséis años, Tony ya se había convertido en campeón mundial de patineta.

Proezas en patineta

Las primeras patinetas no eran otra cosa que planchas de madera sobre ruedas de patín. En esa época, ¡los patinadores sólo intentaban evitar caerse o chocar contra algo! En nuestros días, estos deportistas vuelan por los aires en sus patinetas. Hacen giros y saltos mortales a velocidades altísimas. ¿Alguna vez te preguntaste cómo lo hacen? La respuesta a esta pregunta está muy relacionada con la física.

En primer lugar, las patinetas actuales están hechas con nuevos materiales y se las diseña para que sean rápidas. Los bordes de estas nuevas patinetas se curvan hacia arriba, lo que les da a los patinadores un mayor control de la tabla. Con ese control, pueden hacer trucos que parecen imposibles.

Tirar un ollie

El *ollie* es el truco de patineta más popular. Es un salto en el que parece que el patinador tiene la tabla pegada a los pies. Para hacer un ollie, el patinador pisa con fuerza la parte trasera de la patineta con un pie. Esto hace que la patineta rebote. Cuando ésta se encuentra en el aire, el patinador desliza hacia adelante el pie que se encontraba en el frente. La fricción entre el pie y la patineta lleva la patineta hacia arriba. Luego entra en juego la gravedad, y la tabla y el patinador aterrizan en el piso.

Pirámide alimenticia

Si comes alimentos y meriendas saludables y equilibrados, probablemente estás ingiriendo la energía que necesitas para tener un buen rendimiento deportivo. Éstos son los alimentos que deberías comer todos los días.

Cereales	Vegetales	Frutas	Lácteos	Carne y legumbres
La mitad de los cereales deben ser integrales.	Come vegetales variados.	Presta atención a las frutas.	Pide alimentos ricos en calcio.	Escoge fuentes magras de proteínas.

Fuerza los límites

Los deportes son una excelente manera de divertirse y mantenerse ıctivo. No importa cuál sea tu deporte favorito, siempre existe la osibilidad de mejorar en él. Es útil tener una meta. ¿Quieres ser el nejor patinador de tu vecindario? ¿O prefieres ser el corredor más ápido de la escuela? ¿Quieres llegar a ser un atleta olímpico algún día? Tal vez sólo quieras aprender un nuevo deporte por diversión. ¡Hay nuchísimas opciones!

Una vez que establezcas tu objetivo, necesitarás un plan para legar allí. Los atletas olímpicos entrenan muchas horas al día. De ualquier modo, no es necesario que llegues a tanto, pero es una buena dea practicar varias veces por semana. También es genial si puedes ener a alguien que te ayude; un entrenador, un pariente o un amigo ue conozca el deporte son todas buenas opciones. Siempre es más fácil lcanzar una meta cuando tienes alguien que te anime. ¡Pero lo más mportante es que tú creas en ti mismo!

El hombre también es una máquina

Tal vez no pienses en tu cuerpo como una **máquina**. Pero eso es precisamente lo que es. Al igual que cualquier otra máquina, tu cuerpo necesita energía para dar su mejor rendimiento. Esa energía proviene de lo que comemos. Por eso a veces te sientes cansado cuando no tomas una comida. Cuanto más saludable comas, mejor será el rendimiento de tu cuerpo.

Laboratorio: la seguridad del cinturón

Cuando andas en carro, te mueves a la misma velocidad que el vehículo. ¡Es importante que uses el cinturón de seguridad! Si el carro tiene que detenerse de repente, el cinturón de seguridad impedirá que salgas despedido de tu asiento.

Materiales

- trozo de cartón rígido de al menos 45 cm x 30 cm (18 pulgadas x 12 pulgadas)
- dos libros, cada uno de 2.5 cm (1 pulgada) de grosor
- cinta adhesiva de papel
- lápiz
- trozo de arcilla para modelar
- carrito de juguete
- trozo de listón de 30 cm (12 pulgadas) de largo
- regla
- cronómetro

Procedimiento:

1. Toma el trozo de cartón y apoya uno de sus extremos sobre el borde de uno de los libros para formar una rampa.
2. Pega el otro extremo del cartón a una mesa o al piso con la cinta adhesiva.
3. Pega el lápiz a la mesa a una distancia equivalente a dos veces el largo del carrito desde el extremo del cartón pegado con cinta.
4. Utiliza la arcilla para hacer una figura pequeña, como un muñeco de nieve, de unos 5 centímetros (2 pulgadas) de altura.

5. Aplasta la base de la figura de arcilla y apóyala, sin presionar, sobre el cofre del carro.

6. Coloca el carro con la figura de arcilla en el extremo elevado del cartón.

7. Suelta el carro para que baje por la pendiente de cartón y activa el cronómetro al mismo tiempo. Detén el cronómetro cuando el carro choque contra el lápiz. Registra el lapso y registra también a cuántas pulgadas de distancia del lápiz aterriza la figura de arcilla. Utiliza una tabla como la que incluimos debajo.

8. Usa el listón para atar la figura de arcilla al carro. Ahora, repite los pasos del 5 al 7. La figura de arcilla debería permanecer en el carro.

9. Ahora pon los dos libros, en lugar de sólo uno, debajo del cartón para que la rampa sea más empinada. Repite el experimento.

10. Compara los lapsos y las distancias. ¿Por qué son diferentes los lapsos y distancias en uno y otro caso?

	Rampa con un libro	**Rampa con dos libros**
elocidad del carro :on la figura de arcilla suelta, en :gundos)		
elocidad del carro :on la figura de arcilla atada, en :gundos)		
terrizaje de la figura de arcilla :n pulgadas, desde el lápiz)		

Glosario

aceleración—cambio en la velocidad

aerodinámica—estudio del movimiento del aire

ágiles—rápidos

centro de masa—punto en el que un objeto se encuentra en equilibrio

decatlón—competencia deportiva en la que se combinan diez pruebas de pista y campo

elevación—fuerza que eleva

empuje—fuerza que mueve un objeto

energía—fuerza necesaria para funcionar

física—la ciencia de la fuerza y el movimiento

flexible—elástico

fricción—fuerza que actúa sobre las superficies que se encuentran en contacto y las desacelera

fuerza—empuje o atracción que hace que las cosas se muevan

gravedad—fuerza mediante la que los objetos se atraen entre sí

heptatlón—competencia deportiva en la que se combinan siete pruebas de pista y campo

máquina—objeto que utiliza movimiento para facilitar el trabajo

masa—cantidad de materia en un objeto

movimiento—cambio de posición

peso—resultado de la fuerza de gravedad

resistencia—fuerza que actúa en contra del movimiento de un objeto

velocidad—magnitud que expresa un cambio en la rapidez y dirección de un objeto

Índice

Científicos de ayer y de hoy

Wernher von Braun
(1912–1977)

Los seres humanos están en una permanente búsqueda de la excelencia. Wernher von Braun no fue una excepción. Nació en Alemania y se convirtió en una figura destacada en el campo del diseño de cohetes espaciales. Contribuyó con el programa espacial estadounidense en el desarrollo de cohetes. Fue el ingeniero en jefe del cohete *Saturno V*, que impulsó a la nave *Apolo* hasta la Luna. También tuvo mucho que ver con la obtención de apoyo público para el programa espacial.

Ron Ayers
(1932–)

En la facultad, en Inglaterra, Ron Ayers se dedicó al estudio de los aviones, las naves espaciales y el vuelo. Después de la universidad, trabajó en mejorar el vuelo de aeroplanos y misiles. Finalmente dejó ese trabajo, pero seguía sintiendo curiosidad. Estudió el vuelo y la velocidad con mayor profundidad. Luego trabajó con un grupo de personas en el proyecto de romper la barrera del sonido con un vehículo terrestre. Se trató del vehículo terrestre más rápido del mundo, el que alcanzó una velocidad de ¡1,228 kilómetros (763 millas) por hora!

Créditos de las imágenes

Portada: Ben Heys/Shutterstock; p.1: Ben Heys/Shutterstock; p.4: Galina Barskaya/Shutterstock; p.4-5: Ronen/Shutterstock; p.5: Gert Johannes Jacobus Vrey/Shutterstock; p.5 (derecha): Laurin Rinder/Shutterstock; p.6-7: Popperfoto/Getty Images; p.7: Image of Sport/Newscom; p.8: c40/ZUMA Press/Newscom; p.9: The Print Collector/Alamy; p.10: i30/ZUMA Press/Newscom; p.10-11: Konstantin Sutyagin/Shutterstock; p.11: Tony Duffy/Getty Images; p.12-13 (arriba): CHEN WEI SENG/Shutterstock; p.12-13: Adrian Dennis/AFP/GETTY IMAGES/Newscom; p.14 (izquierda): Suzanne Tucker/Shutterstock; p.14 (centro): Marcel Jancovic/Shutterstock; p.14 (derecha): Juriah Mosin/Shutterstock; p.14-15 (abajo): Friedemann Vogel/Bongarts/Getty Images; p.14-15: kRie/Shutterstock; p.17: Andy Sacks/Getty Images; p.17 (abajo): Tim Clary/AFP/GETTY IMAGES/Newscom; p.18-19: Toshifumi Kitamura/AFP/Newscom; p.19: Lisovskaya Natalia/ Shutterstock; p.20: Adrian Dennis/AFP/Getty Images/Newscom; p.21: Carl de Souza/AFP/Getty Images/Newscom; p.21 (abajo): Dusanzidar/Dreamstime; p.22-23: Sports Illustrated/Getty Images; p.23: Jiang Dao Hua/Shutterstock; p.24: Rick Rickman/NewSport/Corbis; p.24-25: Romanchuck Dimitry/Shutterstock; p.25: LANBO/Shutterstock; p.26: Jupiterimages Corporation; p.26: gordana/Shutterstock; p.26: Norman Chan/Shutterstock; p.26: Elnur/Shutterstock; p.26: Shutterstock; p.26: Shutterstock; p.28: jaddingt/Shutterstock; p.29 (arriba): Eimantas Buzas/ Shutterstock; p.32 (izquierda): NASA; p.32 (derecha): Rick Reason.